ILLUMINATENORDEN
Schottenloge
„Zur starken Wehr im Westen"
i. Or. Essen (Ruhr)

Archiv der Schottenloge
Handschrift für Brr. Freimaurer

Cornelius Rosenberg

ILLUMINATENORDEN:
Ritual der
MINERVAL-LOGE

Das historische Ritual der Illuminaten der
Freimaurerloge "Alfred zur Linde" von 1926,
aus dem Archiv der Schottenloge
"Zur starken Wehr im Westen" i. Or. Essen

ILLUMINATENORDEN
BRUDERSCHAFT DER ILLUMINATEN

Bibliografische Information der Deutschen Nationalbibliothek: Die Deutsche Nationalbibliothek verzeichnet diese Publikation in der Deutschen Nationalbibliografie; detaillierte bibliografische Daten sind im Internet über dnb.dnb.de abrufbar.

© 2025 Cornelius Rosenberg
**Schottenloge „Zur starken Wehr im Westen"
im Orient Essen (Ruhr)**

Zweite vollständig überarbeitete Auflage

Verlag: BoD · Books on Demand GmbH,
Überseering 33, 22297 Hamburg,
bod@bod.de
Druck: Libri Plureos GmbH,
Friedensallee 273, 22763 Hamburg
ISBN: **978-3-7583-6506-5**

Inhaltsverzeichnis

Illuminatenorden

RITUAL

der Minerval-Loge

„Alfred zur Linde"

**unter der Direktion des
heiligen geheimen Kapitels
der Schottischen Ritter von
Alexandrien.***

*Das historische Ritual:
Originalgetreue Abschrift des Rituals aus dem Jahre 1876,
Version von 1926, anlässlich des 150. Ordensfestes.

Aktenstück von 1926:
Archiv der Essener Schottenloge.

Heil. geh. ⊠ der dirig.
Illuminaten
von Alexandrien

Essen, den 1. Mai 1926

Illuminatenorden

Ordens-Directorium

1784
Schottische Loge (ohne Namen), Bonn.*
- rekt. System, Schott.-Mstr.
- unter dem Namen Alexandria umgewandelt in ⊠

1913
Schottenloge 'Zur starken Wehr im Westen', Essen
- GL 3 W., Allgemeine Altschottische Loge

Orden der Illuminaten

Minervalk.	Orient:	Loge:
	Barmen.	Lessing,
	Crefeld.	Eos,
	Duisburg.	Zur deutschen Burg,
	Düsseldorf.	Zu den drei Verbündeten,
	Essen a. d. Ruhr.	Alfred zur Linde,
	Mühlheim a. d. R.	Broich zur verklärten Louise.

Die Minervalkirchen sind mit den Johannislogen im Zirkel unter der Schottenloge
und dem ⊠ vereinigt.

*Schottenloge ertheilt die drei Maurergrade.

Vorbemerkung

Anlässlich des 150. Stiftungsfestes des erlauchten Ordens der Illuminaten wurde im Jahr 1926 das historische Ritual der Minerval-Loge, das erstmals 1876 eingeführt wurde, von der Minerval-Loge „Alfred zur Linde" in Essen neu aufgelegt. Eine handschriftliche Abschrift dieses bedeutsamen Rituals war im Besitz des ehemaligen Meisters vom Stuhl der Johannisloge „Alfred zur Linde", Bruder Harry Bongartz, der unter dem Ordensnamen Ikaros bekannt war.

Kürzlich wurden in einem alten Ritualbuch einige Seiten aus dem Jahr 1926 wiederentdeckt, die mit Bongartz' Abschrift übereinstimmen. Dies legt nahe, dass es sich bei dieser Abschrift um das originale historische Ritual handelt.

Im Jahr 1926 existierten mehrere Minerval-Logen oder Minervalkirchen, die als innere Zirkel innerhalb der Johannislogen tätig waren und sich nach der jeweiligen Loge benannten, in der sie arbeiteten. Doch nach den verheerenden Folgen des Zweiten Weltkriegs setzte nur die Minerval-Loge in Essen ihre wertvolle Arbeit fort. Das Wissen um die Namensgebung der Minerval-Logen oder Minervalkirchen, das eng mit den Johannislogen verknüpft war, geriet in Vergessenheit.

Erst durch die Wiederentdeckung historischer Dokumente konnte dieses verlorene Wissen wieder ans Licht gebracht werden. Diese Wiederentdeckung eröffnet nicht nur einen faszinierenden Blick in die Vergangenheit, sondern bereichert auch unser Verständnis von der Freimaurerei und ihrer Traditionen in der Gegenwart.

Die Essener Schottenloge „Zur starken Wehr im Westen", einst eng verbunden mit der Johannisloge „Alfred zur Linde", bewahrt mit Stolz die Traditionen der Minerval-Loge. Anlässlich des 248. Ordensfestes am 1. Mai 2024 versammelte die Schottenloge Vertreter der ihr anhängenden deutschen und englischen Minervalkirchen. Gemeinsam belebten sie das historische Brauchtum wieder. Um der internationalen Gemeinschaft gerecht zu werden, wurde das Ritual in die englische Sprache übersetzt und zweisprachig durchgeführt, sodass die wiederentdeckte Tradition und überkommenen Lehren des Ordens auch für die englischen Brüder erlebbar wurden.

I. Einrichtung
der Minerval-Loge im Johannis-Lehrlings-Grad

A. Das Logen-Zimmer.

Der Logen-Saal bildet im Grundriss ein längliches Viereck. Der Eingang befindet sich an einer der schmalen Wände, welche die Westseite genannt wird, wenngleich sie, der Weltgegend nach nicht wirklich im Westen liegt. Die lange Wand, links vom Eingange, ist die Nordseite, die rechts vom Eingange aber die Südseite, und endlich die der Eingangswand gegenüberliegende kurze Wand die Ostseite der Loge.

An der letzteren befindet sich der Orient; eine Erhöhung, zu welcher drei Stufen hin anführen. Die Mitte des Orients wird von einem blau mit Goldverzierung drapierten Baldachin bedeckt, unter welchem der Stuhl des Meisters steht, und vor diesem der Altar, ebenfalls blau mit Gold verziert. Hinter dem Meister, an der Wand, ist das Bild der Pallas befestigt, welches hinter einem blauen Vorhang verborgen ist. Zur linken und zur rechten Seite des Bildes hängen an einer Kette befestigt, jeweils eingefärbte Lampen herab.

Auf dem Altar liegt die Bibel, beim ersten Kapitel des Evangeliums Sankt Johannis mit einem Zeichen versehen, welches das schnelle Aufschlagen dieser Stelle erleichtert. Neben derselben ein Winkelmaß, ein Zirkel und das Logen-Schwert. Außerdem der Hammer des Meisters, die Eule der Minerva und das Ritual-Buch.

Auf drei Ecken des Altars, nämlich der südöstlichen, südwestlichen und nordwestlichen, stehen drei Leuchter.

In der Mitte der Loge (bei einem großen Saale näher zum Oriente) liegen der Teppich und die Zeichnung der Pyramide. An dessen südlichen Ecke steht die Säule „Weisheit", an der südwestlichen die Säule „Schönheit" und an der Nordwestlichen die Säule „Stärke" welche große Wachskerzen tragen.

Vor Eröffnung der Loge liegen der Teppich und die Zeichnung nicht ausgebreitet, sondern der Teppich neben der Säule „Weisheit" aufgerollt, so daß dieser durch bloßes Entrollen in der Richtung vom Altare nach Westen hin die oben erwähnte Lage zwischen den drei Säulen erhält, und die Zeichnung der Pyramide auf der Südseite, zwischen den Säulen „Weisheit" und „Schönheit", so daß sie vom Tage zur Nacht hin, den Teppich vollkommen bedeckend, ausgebreitet wird.

Bei der Säule „Schönheit" steht der Sitz des 1sten Aufsehers und bei der Säule „Stärke" der des 2ten Aufsehers. Beide gegen Osten gerichtet; vor jedem ein kleines, blaubehangenes Tischchen, worauf der Hammer, das Kleinod und der Ritualauszug. Zwischen beiden hinlänglicher Raum zum durchgehen von zwei bis drei Personen.

Etwas hinter den Aufsehern, in der Mitte, ist der Sitz für den Zeremonien-Meister, ebenfalls gegen Osten gerichtet.

Längs der Südseite und der Nordseite, einander gegenüber sind die sitze für die übrigen Brüder, die „Kolonnen" genannt.

Der oberste, östlichste Platz auf der Südseite, ist der des Redners, vor welchem ein Tisch steht, auf dem das Statutenbuch und der Ritualauszug nebst dem Bijou des Redners liegt.

Der entsprechende Platz in der nördlichen Kolonne ist der des Sekretärs, auf dessen Tisch das Protokollbuch, die Logenlisten und ein Schreibzeug mit Zubehör, auch das Amtszeichen des Sekretärs gelegt werden.

Gegen die Mitte des Teppichs, dem südlichen Tore desselben gegenüber, in der Kolonne, oder auch vor derselben, ist der Sitz für den 1sten Steward (Schaffner) und gegenüber, an der Nordseite der für den

2ten Schaffner. An beiden stehen die sechs bis sieben Fuß langen runden, mit kugelförmigen oder beliebig verzierten Knöpfen versehenen Steward-Stäbe.

Die Plätze für den Schatzmeister und den vorbereitenden Bruder sind in der südlichen Kolonne, rechts neben dem 1sten Schaffner, und wenn die Loge einen besonderen Almosenier hat, ist dessen Platz dem Schatzmeister gegenüber in der nördlichen Kolonne.

Auf alle diese Plätze werden die Bijous der betreffenden Logenämter gelegt.

Der Platz des Wachhabenden Bruders ist dicht an der Eingangstür.

Im Oriente, auf der linken Seite des Meisters und des Altars, ist der Platz für den deputierten Meister der Loge.

Beleuchtung der Loge.

Die Lichter auf dem Altare, die eingefärbten Lichter im Oriente, und die großen Wachskerzen auf den drei Säulen müssen bei jeder Arbeit brennen, es sei Aufnahme- oder Instruktions-Loge. Die drei letzteren werden jedoch erst bei Eröffnung der Loge durch den Meister und die Aufseher, und die eingefärbten Lichter erst bei dem Übergange zur Minervalversammlung durch den Meister angezündet.

Außerdem wird die Loge noch durch Lichter auf den Tischen des Redners und des Sekretärs und durch Wand- oder Kronleuchter erhellet.

Endlich ist noch eine Vorrichtung erforderlich, mittels welcher durch Lycopodium eine starke, schnell wieder verschwindende Flamme hervorgebracht werden kann. Diese Vorrichtung ist in der Nähe des Meisters anzubringen.

B. Das Versammlungszimmer.

Zu einem vollständigen Logen-Lokale gehören noch andere Zimmer, in welchem sich die Brüder vor der Arbeit versammeln können, um dort den Eintritt in die Loge abzuwarten, so wie auch ein Speisesaal für die Tafel-Logen.

II. Versammlung der Brüder

Der Zeremonien-Meister muss frühzeitig genug in dem Logenhause sein, um dafür zu sorgen, daß im Lokale alles in der im vorigen erwähnten Ordnung sei und die dienenden Brüder auf ihren Posten sich befinden.

Um von allen Brüdern, auch von den Fremden, zugleich als Zeremonien-Meister erkannt zu werden, führt er an einem Arbeitstage überall im Logenhause einen 3 bis 4 Fuß langen dreieckigen Maßstab, welcher auf jeder seiner drei Seiten 1 Zoll breiten Seitenflächen in 24 gleiche Teile geteilt ist.

Ähnliche Stäbe tragen alle die Brüder, welche bei großen Versammlungen dem Zeremonien-Meister als dessen Gehilfen beistehen.

Der Zeremonien-Meister legt auf einen Tisch im Versammlungszimmer das Präsenzbuch aus, und sieht darauf, daß die sich versammelnden Brüder der Loge und die besuchenden Brüder ihre Namen in die für sie bestimmten Rubriken einsetzen.

Dem Zeremonien-Meister liegt überhaupt die Pflicht ob, zuerst dafür zu sorgen, daß besuchende Brüder sich gleich in der Loge heimisch und zufrieden finden. Demnach begrüßt er jeden besuchenden mit zuvorkommender Herzlichkeit, entschuldigt sich, daß seine Amtsverrichtungen es ihm nicht erlauben, ihm Gesellschaft zu leisten, macht ihn aber zu diesem Behufe mit einem anderen Mitglied der Loge bekannt, das er bittet, sich des Bruders in Beziehung auf einen Platz in der Loge usw. anzunehmen.

III. Eintritt in die Loge

Kurz vor der zum Beginn der Arbeit bestimmten Zeit begeben sich der Meister und alle Beamte, sowie auch der von dem Zeremonien-Meister zum Wachhabenden bestimmte Bruder, ein erfahrener Meister, in die Loge. Jeder bekleidet sich maurerisch, überzeugt sich davon, daß er sein Ritualbuch, sein Amtszeichen und was ihm sonst bei Verrichtung seines Amtes noch erforderlich ist, zur Hand habe, erbittet sich nötigenfalls das Fehlende von dem Zeremonien-Meister und begibt sich an seinen Platz.

Der Meister *– beauftragt nun den Zeremonien-Meister, die versammelten Brüder zum Eintritt in die Loge einzuladen.*

Der Zeremonien-Meister. *– maurerisch bekleidet, mit einem Maßstabe in der Hand, begiebt sich in die Versammlungszimmer, zieht die Aufmerksamkeit der Gegenwärtigen durch Händeklatschen auf sich, und ersucht sie mit lauter Stimme sich maurerisch zu bekleiden. Wenn alle Brüder mit Schurz, Logen-Zeichen und Handschuhen bekleidet sind und den Hut* *aufgesetzt, auch die in Uniform ge-kleideten den Degen an der Seite haben, führt er sie in die Loge, sieht nochmals nach, ob alle Brüder eingetreten sind, und der Wachhabende Bruder Meister im Inneren an der Tür seinen Platz hat, und begibt sich dann vor seinen Sitz.*

IV. Die Eröffnung der Lehrlings-Loge

Sobald die Brüder in das Logen-Zimmer eingetreten sind, und alle ihre Plätze eingenommen haben, spricht

<u>Der Zeremonien-Meister</u> — von seinem Platze aus —

Hochwürdiger Vorsitzender Meister, die in den Vorhallen versammelten Brüder sind eingetreten!

Der Meister – tut einen starken Hammerschlag auf den Altar den

Die beiden Aufseher – wiederholen, worauf die Brüder sich schweigend vor ihre Plätze stellen, ohne jedoch das Lehrlingszeichen zu machen.

Der Meister: *Brüder Aufseher, helfen Sie mir eine Loge im Lehrlings-Grade eröffnen.*

Beide Aufseher: *Wir sind bereit.*

Der Meister: *Bruder zweiter Aufseher, was ist Ihre Pflicht, bevor die Loge eröffnet wird?*

Der 2te Aufseher: *Für die äußere Sicherheit zu sorgen und nachzusehen, ob die Uneingeweihten entfernt sind und die Loge gedeckt ist.*

Der Meister: *Verrichten Sie Ihr Amt mein Bruder.*

Der zweite Aufseher – übergibt seinen Hammer dem ihm zunächst stehenden Bruder Meister seiner Loge, geht dann ins Vorzimmer, untersucht alles, stellt einen dienenden Bruder zur äußeren Bewachung an die Tür, tritt wieder herein, schließt die Tür ab, gibt den Schlüssel dem Wachhabenden Bruder, der innerhalb an der Tür steht, geht wieder auf seinen Platz, übernimmt seinen Hammer wieder und spricht:

Hochwürdiger Meister! Die Loge ist gehörig gedeckt, die Ungeweihten sind entfernt, und wir sind in Sicherheit.

<u>Der Meister:</u> *Bruder erster Aufseher, was ist nun Ihre Pflicht?*

<u>Der 1ste Aufseher:</u> *Für die innere Sicherheit zu sorgen und zu prüfen ob wir alle Maurer sind.*

<u>Der Meister:</u> *Verrichten auch Sie Ihr Amt mein Bruder.*

<u>Der 1ste Aufseher:</u> *Auf mich!*

Auf dieses Wort wenden alle Brüder die Augen auf den ersten Aufseher, und die ganze Loge macht das Lehrlingszeichen in drei Tempo. Hierauf spricht

<u>Der 1ste Aufseher:</u> *Hochwürdiger Meister, die geweihten Schwellen sind unverletzt und wir alle sind Maurer.*

<u>Der Meister</u>: *Welche Zeit ist es, mein Bruder?*

<u>Der 1ste Aufseher:</u> *Es ist Mittag.*

<u>Der Meister:</u> *In Ordnung meine Brüder!*

Alle Brüder treten in das Lehrlingszeichen und verbleiben in demselben.

<u>Der Meister</u> – geht zur Säule „Weisheit", nimmt die Wachskerze von derselben, zündet sie an einem der Altarlichter an und geht damit wieder zur Säule.

<u>Beide Aufseher</u> – nehmen zugleich mit dem Meister die Kerzen von ihren Säulen und begeben sich zur Säule „Weisheit", zünden dort ihre Kerzen bei der an, welche der Meister hält und treten an ihre Säulen zurück.

Der Meister – steckt die Kerze auf die Säule und spricht:

Weisheit leite unsern Bau!

Der 1ste Aufseher – steckt die Kerze auf seine Säule:

Schönheit ziere ihn!

Der 2te Aufseher – steckt die Kerze auf die Säule:

Stärke führe ihn aus!

Der Meister – geht auf seinen Platz, schlägt die Bibel beim 1sten Kapitel des Evangeliums St. Johannis auf, legt darauf den geöffneten Zirkel, die Spitzen derselben von sich abgekehrt, und über diese das Winkelmaß, während

Beide Aufseher – den Teppich entrollen.

Der Meister: *Bruder erster Aufseher, sind Sie ein Maurer?*

Der 1ste Aufseher: *Meine Brüder erkennen mich dafür.*

Der Meister: *Wie heißen Sie als Lehrling?*

Der 1ste Aufseher: Tubalkain.

Der Meister: *Wo sind Sie als Lehrling aufgenommen?*

Der 1ste Aufseher: *In einer gerechten und vollkommenen Loge.*

Der Meister: Welche Gestalt hat Ihre Loge?

Der 1ste Aufseher: *Die eines länglichen Vierecks.*

Der Meister: Was hat sie für eine Länge?

Der 1ste Aufseher: Vom Aufgang bis zum Niedergang der Sonne.

Der Meister: Was für eine Breite?

Der 1ste Aufseher: Von Mittag bis gegen Mitternacht.

Der Meister: Wie hoch ist sie?

Der 1ste Aufseher: Bis an die Wolken.

Der Meister: Worauf ist die gegründet?

Der 1ste Aufseher: Auf drei Pfeiler.

Der Meister: Wie heißen diese Grundpfeiler?

Der 1ste Aufseher: Weisheit, Schönheit, Stärke.

Der Meister: Was führen Sie für Werkzeuge in Ihrer Loge?

Der 1ste Aufseher: Drei! Ohne welche niemand zum Freimaurer gemacht werden kann.

Der Meister: Wie werden dieselben deshalb genannt?

Der 1ste Aufseher: Die drei großen Lichter der Freimaurerei.

Der Meister: Welche sind es?

Der 1ste Aufseher: Die Bibel, das Winkelmaß und der Zirkel.

Der Meister: Erklären Sie dies näher!

Der 1ste Aufseher: Die Bibel ordnet unseren Glauben, das Winkelmaß richtet unsere Handlungen und der

Zirkel regelt unser Verhältnis zu unseren Brüdern und zur Welt außer uns.

<u>Der Meister:</u> Was erleuchtet Ihre Loge?

<u>Der 1ste Aufseher:</u> Die Sonne, der Mond und die Sterne.

<u>Der Meister:</u> Wo saß Ihr Meister?

<u>Der 1ste Aufseher:</u> Gegen Aufgang der Sonne.

<u>Der Meister:</u> Wo saßen die Aufseher?

<u>Der 1ste Aufseher:</u> Gegen Niedergang der Sonne.

<u>Der Meister:</u> Erkennen Sie auch diese für eine gerechte und vollkommene Loge?

Der 1ste Aufseher: Ja, Hochwürdiger Meister.

Der Meister: Warum das?

Der 1ste Aufseher: Weil der Meister gegen Aufgang der Sonne, und die Aufseher gegen Niedergang der Sonne ihre Plätze eingenommen haben, die Uneingeweihten entfernt sind, und die Loge gedeckt ist, auch die Gegenwärtigen Brüder gesetzmäßig versammelt sind.

Der Meister: Welche Zeit ist es nun, mein Bruder?

Der 1ste Aufseher: Hoch-Mittag.

Der Meister: Ist es die rechte Zeit, diese gerechte und vollkommene Loge zu eröffnen?

Der 1ste Aufseher: Ja, Hochwürdiger Meister.

Der Meister: – zieht das Logen-Schwert, legt es auf den Altar zwischen sich und die Bibel und spricht, indem er und sämtliche Brüder das Haupt entblößen:

Da es denn Hoch-Mittag und die rechte Zeit ist, so eröffne ich diese gerechte und vollkommene Loge, Kraft des mir verliehenen Amtes, durch die uns heilige Zahl.

Der Meister – tut den dreifachen Hammerschlag auf den Altar oo - o. Diesen wiederholen die beiden Aufseher.

Der Meister: *Die Loge ist eröffnet.*

Der 1ste Aufseher – zum Zweiten –

Mein Bruder, verkündigen Sie, daß die Loge eröffnet ist.

<u>Der 2te Aufseher:</u> *Meine Brüder, die Loge ist eröffnet. Wir beten zu Gott mit dem uralten Gebete der Freimaurer.*

<u>Alle Brüder</u> – entblößen das Haupt.

<u>Der Meister:</u> – betet:

O Herr, Gott, Du großer allgemeiner Baumeister der Welt, und Schöpfer des Menschen Deines Tempels. Sei mit uns, o Herr, wie Du verheißen hast, wenn zwei oder drei in Deinem Namen versammelt sind, so wollest Du mitten unter ihnen sein. Sei mit uns, und segne alle unsere Unternehmungen. O Herr, Gott! Gib daß wir in unserem Glauben zeigen Tugend, in der Tugend Erkenntnis, in der Erkenntnis Mäßigung, in der Mäßigung Geduld, in der Geduld Gottseeligkeit, in der

Gottseeligkeit Bruderliebe, und in der Bruderliebe allgemeine Liebe Und gib o Herr! daß die Maurerei gesegnet sei in der ganzen Welt, und dein Friede sei über uns. Amen.

Nach dem Gebet bedecken -

<u>Die Brüder</u> – das Haupt.

<u>Der Meister:</u> *Nehmen Sie Platz meine Brüder.*

(Bemerkung: _________________)

V. Übergang zur Minervalversammlung

Der Meister — tut einen einfachen Hammerschlag auf den Altar, und spricht

Meine Brüder, lassen Sie uns in den inneren Kreis treten.

Worauf —

Alle Brüder — um den Teppich treten, und jeder mit der rechten Hand die linke ihres Nachbarns zur Rechten fassen.

Der Meister: Bruder Zeremonien-Meister!

Der Zeremonien-Meister — Auf dieses Wort tritt der Zeremonien-Meister an den Westrand des Teppichs, macht das Lehrlingszeichen in drei Tempo und bleibt stehen. Hierauf spricht

Der Meister: *Welches ist das Sinnbild des Lehrlings?*

Der Zeremonien-Meister: *Eine oben gebrochene Säule mit fester Basis. Sie trägt die Inschrift: Adhuc Stat. Sie steht immernoch aufrecht.*

Der Meister: *Haben Sie noch ein anderes Sinnbild?*

Der Zeremonien-Meister: *Ja, Hochwürdiger Meister.*

Der Meister: *Was ist es?*

Der Zeremonien-Meister: *Eine Eule, die ein Buch in den Klauen hält; in diesem aufgeschlagenen Buche stehen vier geheimnisvolle Buchstaben, nämlich P. M. C. V.*

Der Meister: Was bedeuten diese Buchstaben?

Der Zeremonien-Meister: Ein Motto: *per me caeci vident.* Das heißt: Durch mich sehen die Blinden, oder, durch mich werden Blinde sehend.

Der Meister: Sind Sie ein Illuminat?

Der Zeremonien-Meister: Ich habe Minervens Ruf vernommen.

Der Meister: Wie heißen Sie?

Der Zeremonien-Meister: Minerval.

Der Meister: Wie erlangten Sie Kenntnis vom erlauchten Orden?

Der Zeremonien-Meister: Durch einen Abgesandten des Ordens, der mich an den Teppich der Lehrlinge führte, und mir die Bilder neu erklärte.

Der Meister: Wie deuten Sie die Bilder der Loge?

Der Zeremonien-Meister: Neben ihrer gewöhnlichen Bedeutung lehrt der Orden, daß in ihnen, nur für den Sehenden erkennbar, die erhabenen Mysterien der Söhne des Lichtes verborgen sind.

Die neun Sterne deuten auf die neun Stufen des erlauchten Ordens, nämlich Novize, Minerval, kleinerer Illuminat, größerer Illuminat, schottischer Novize, schottischer Ritter, Priester, kleinerer Regent, Magus, und größerer Regent. Die neun Sterne machen zusammen ein Andreaskreuz, das Emblem der schottischen Ritter, die den Orden bewachen.

Der Meister: Wie deuten Sie die sieben Stufen?

Der Zeremonien-Meister: Bevor ein Illuminat in das geheime Kapitel der schottischen Ritter eintreten darf, muß er die vier unteren Ordensstufen erstiegen, und die drei Johannisgrade erhalten haben. Das macht insgesamt sieben Stufen, die zum Ordenskapitel führen.

Der Meister: Wie deuten Sie die Sonne?

Der Zeremonien-Meister: Als Sinnbild für den erlauchten Orden selbst, der nichts anderes will, als den moralischen Charakter der Menschen zu bessern, Kenntnisse zu mehren, und den Geist zu erheben.

Der Meister: Wie deuten Sie den Mond?

Der Zeremonien-Meister: Er leuchtet den schottischen Novizen.

Der Meister: Wie die drei Steine?

Der Zeremonien-Meister: Der rohe, der behauene, und der in Stücke zerbrochene Stein sind Erinnerungen an die Schicksale des Ordens, die ihm widerfahren sind.

Der Meister: Die maurerischen Werkzeuge?

Der Zeremonien-Meister: Die maurerischen Werkzeuge bezeichnen, daß der Orden, um fortzubestehen, in die Maurerei eingegangen ist. Er hat sich verborgen, um das Licht zu behüten, zu mehren, und auszubreiten.

Der Meister: Bruder Zeremonien-meister, wo scheint das größte Licht?

Der Zeremonien-Meister: In Alexandrien, Hochwürdiger Meister!

Der Meister: Wer sieht es am hellsten?

Der Zeremonien-Meister: Desiderius.

Der Meister: Meine Brüder, die Stunde unserer Arbeit ist gekommen. Nehmen Sie Ihre Stellen ein!

Alle Brüder – gehen auf dieses Wort an ihre Plätze, worauf

Der Meister – fortfährt

Bruder Zeremonien-Meister, die Stunde unserer Arbeit ruft uns.

<u>Zeremonien-Meister:</u> *Liebe Brüder! Die Stunde unserer Arbeit ruft uns.*

<u>Der Meister</u> – tut den zweifachen Hammerschlag der Minervalen auf den Altar. Diesen wiederholen die beiden Aufseher.

(Bemerkung: ___________________)

<u>Der Zeremonien-Meister</u> – Auf dieses Wort tritt der Zeremonien-Meister an den Südrand des Teppichs, bedeckt denselben mit der Zeichnung der Pyramide, woraufhin er an den Westrand tritt, sich zum Oriente hin verbeugt, und das Blendzeichen macht.

    - Worauf sich

<u>Alle Brüder</u> – erheben, und ins Blendzeichen treten.

<u>Der Zeremonien-Meister:</u> Hochwürdiger Meister, Erlauchter Ober-er, die Schüler der Weisheit sind bereit, das Licht des Ordens zu empfangen und es in der Welt auszubreiten.

<u>Der Meister:</u> Bruder Zeremonien-Meister, ist die Versammlung gedeckt?

<u>Der Zeremonien-Meister:</u> Die Eingänge sind verschlossen, die Versammlung ist gedeckt.

<u>Der Meister:</u> Da die Eingänge verschlossen sind, und die Versammlung von innen und außen gedeckt ist, und nur erwiesene Söhne des Lichts anwesend sind, und alles bereit ist, nehmt Platz meine Brüder!

Ihr wollt das Licht sehen, doch die Augen sind schwach. Wer das Licht sehen will, dessen Herz, Verstand, Gedanken, Worte und Taten seien rein. Deshalb richtet euch nach den heiligen Statuten unseres Ordens.

Wenn ein Bruder eine Klage vorzubringen hat, dann möge er sich zu erkennen geben und die Klage vorbringen, oder in diesem Moment alles verzeihen und in seinem Herzen Frieden schließen!

Der Zeremonien-Meister: *Alles ist gerecht!*

Der Meister: *Da alles gerecht ist, und die versammelten Ordensbrüder untereinander in Frieden sind, öffne ich diese Minervalversammlung auf althergebrachte Art, mit den Schlägen der Minervalen!*

Der Meister – tut den zweifachen Hammerschlag der Minervalen auf den Altar. Diesen wiederholen die beiden Aufseher.

— Daraufhin

Der Meister – zieht den Vorhang vor dem Bild der Pallas auf, und entzündet die eingefärbten Leuchten, worauf er wieder seinen Platz einnimmt und spricht

Der Meister: *Toleranz und Wahrheitssuche sind die Grundpfeiler der Kirche der Weisheit. - Philosophia non in verbis, sed in rebus est.*

— Worauf

Der Meister – tut den zweifachen Hammerschlag der Minervalen.

(Bemerkung: _________________)

VI. Der Logenvortrag

Der Meister: _Die Statuten unserer weisen Stifter verbinden uns, liebe Brüder, in unseren Versammlungen unseren Geist zu bessern und zu erleuchten. Vernehmt zuerst die Lehren der Weisheit!_

Hierauf liest der Meister oder ein anderer Bruder eine geeignete Stelle aus der Bibel. Worauf er nach einer kurzen Pause fortfährt

Der Meister: _Unser Geist wurde von dem Geist der Alten genährt. Lasst uns nun unseren Geist durch den Geist der Unseren nähren. Ich bitte nun den musischen Bruder, unseren Geist zu erhellen._

<u>Der Redner</u> — tritt an die Säule „Weisheit", macht das Blendzeichen, und erteilt, ohne weiter im Zeichen stehen zu bleiben, den Unterricht. - Nach Beendigung des Unterrichts begibt er sich wieder auf seinen Platz.

(Bemerkung: _________________________)

<u>Der Meister:</u> *Liebe Brüder! In meinen Augen, in meinem Geiste wird es heller; könnt ihr auch, so wie ich, das Licht sehen?*

<u>Alle Brüder</u> — machen das Blendzeichen und bleiben darin stehen.

<u>Der Meister</u> — zeigt den Brüdern das Licht, worauf er spricht

Eure Augen sehen heller, euer Geist ist heiterer; ihr seid dem Licht einen Schritt nähergekommen; aber

ganz ist die Finsternis der Unwissenheit noch nicht von euch gewichen.

<u>Alle Brüder</u> – beenden das Blendzeichen und bleiben stehen.

VII. Schließung der Minervalversammlung

<u>Der Meister:</u> *Meine Brüder! Ich gedenke die Minervalversammlung zu schließen.*

- Weckt im Furchtsamen Mut, im Trägen Eifer und Tätigkeit, gebt dem Unwissenden Wissen; richtet den Gefallenen auf, stärkt den Schwachen, haltet den Hitzigen zurück, kommt Uneinigkeit zuvor, oder legt sie bei; verhütet Unvorsichtigkeit und Verrat, übt Achtung gegen die Oberen, Liebe untereinander und Verträglichkeit außerhalb. Bereitet euch auf den großen Tag des Lichts vor.

- Bruder Zeremonien-Meister, welche Zeit ist es?

Der Zeremonien-Meister: Hochwürdiger Meister, es ist tiefste Nacht und die rechte Zeit, das Licht des Ordens weiter auszubreiten!

Der Meister — tut den zweifachen Hammerschlag der Minervalen auf den Altar. Diesen wiederholen die beiden Aufseher. Hiernach

Der Meister — löscht die farbigen Leuchten aus und verdeckt das Bild der Pallas mit dem Vorhang.

- zugleich

Beide Aufseher — rollen die Pyramide, vom Norden anfangend gegen Süden auf, oder legen sie so zusammen, daß die Zeichnung nicht zu sehen ist, und gehen an ihre Plätze zurück.

VIII. Der Schluss der Lehrlings-Loge

__Der Meister:__ Ich ersuche den Bruder Schatz-Meister (Quästor), für die Armen zu sammeln, und den Bruder Sekretär, das Protokoll vorzulesen.

Nachdem Beides geschehen, der Ertrag der Armensammlung oder die Meldung, das diese bei einer nachfolgenden Tafel-Loge fortgesetzt werden soll, - im Protokolle vermerkt ist, und keiner gegen dasselbe Etwas zu erinnern hat, tut -

__Der Meister__ *— einen starken Hammerschlag, den -*

__Die beiden Aufseher__ *— wiederholen, worauf -*

<u>Alle Brüder</u> — ins Lehrlings-Zeichen treten. -

<u>Der Meister:</u> Bruder erster Aufseher, ist die Arbeit vollendet?

<u>Der 1ste Aufseher:</u> Ja, Hochwürdiger Meister.

<u>Der Meister:</u> Welche Zeit ist es nach vollendeter Arbeit?

<u>Der 1ste Aufseher:</u> Es ist Mitternacht.

<u>Der Meister:</u> In Ordnung, meine Brüder! Das Logenzeichen!

Hierauf wird das Lehrlingszeichen, wie bei Eröffnung der Loge, in drei Tempo, gemacht.

<u>Der Meister:</u> Welche Zeit ist es nun?

<u>Der 2te Aufseher:</u> Hoch-Mitternacht.

Der Meister: *Ist es die rechte Zeit, diese Loge zu schließen?*

Der 2te Aufseher: *Ja, Hochwürdiger Meister.*

Der Meister *— indem er und sämtliche Brüder das Haupt entblößen: -*

Da es denn Hoch-Mitternacht und die rechte Zeit ist, so schließe ich diese gerechte und vollkommene Loge, Kraft des mir verliehenen Amtes, durch die uns heilige Zahl.

Der Meister — tut den dreifachen Hammerschlag auf den Altar: o o – o

Die beiden Aufseher — wiederholen den Hammerschlag. —

(Bemerkung: _________________)

Der Meister – geht zur Säule Weisheit, löscht die darauf stehende Kerze aus, begiebt sich wieder hinter den Altar, steckt das Logenschwert in die Scheide, nimmt Zirkel und Winkelmaß von der Bibel, und macht dieselbe zu.

Beide Aufseher – löschen zugleich mit dem Meister die Kerzen ihrer Säulen aus.

Beide Aufseher – rollen den Teppich, vom Westen anfangend gegen Osten auf, oder legen ihn so zusammen, daß die Zeichnung nicht zu sehen ist, und gehen an ihre Plätze zurück.

Der Meister: *Bruder Aufseher, verkündigen Sie, daß die Loge geschlossen ist.*

Der 1ste Aufseher: *Meine Brüder, die Loge ist geschlossen.*

(Bemerkung: _____________________)

Der Meister — lässt sich von dem Bruder Sekretär das Protokoll zum Unterzeichen vorlegen.

Die Aufseher — kommen zum Altar, unterzeichnen ebenfalls das Protokoll, und geben, im Fall keine Tafel-Loge folgt, ihre Ritual-Bücher und Kleinodien ab.

Der Zeremonien-Meister — sorgt dann auch für die Abgabe und das Verschließen aller Ritualbücher und Beamtenzeichen.

Essen, den 1. Mai 1926

Minervalkirche „Alfred zur Linde"

im Orient zu Essen / Ruhr

Ein Arbeitsteppich für die Minerval-Loge.

Notizen.

Ordensname:

____

Datum/Zeit: _______________________

Sprüche 1,7:
„Die Furcht des HERRN ist der Anfang der Erkenntnis; die Toren verachten Weisheit und Zucht."

Jakobus 1,5:
„Wenn aber jemand unter euch Weisheit mangelt, so bitte er Gott, der allen gern und ohne Vorwurf gibt, so wird sie ihm gegeben werden."

Sprüche 4,7:
„Der Weisheit Anfang ist: Erwirb Weisheit und um allen deinen Erwerb erwirb Verstand!"

Micha 6,8:
„Es ist dir gesagt, Mensch, was gut ist und was der HERR von dir fordert: nichts als Gottes Wort halten und Liebe üben und demütig wandeln mit deinem Gott."

Jakobus 4,6:
„Gott widersteht den Hochmütigen, aber den Demütigen gibt er Gnade."

Datum/Zeit:

Philipper 2,3:
„Tut nichts aus Eigennutz oder eitler Ruhmsucht, sondern in Demut achte einer den andern höher als sich selbst."

Römer 12,12:
„Seid fröhlich in Hoffnung, geduldig in Trübsal, beharrlich im Gebet."

Jakobus 1,3–4:
„Denn ihr wisst, dass die Bewährung eures Glaubens Geduld bewirkt. Die Geduld aber soll zu einem vollkommenen Werk führen, damit ihr vollkommen und unversehrt seid und es euch an nichts mangelt."

Kolosser 3,12–13:
„So zieht nun an als die Auserwählten Gottes … herzliches Erbarmen, Freundlichkeit, Demut, Sanftmut, Geduld."

Lukas 6,36:
„Seid barmherzig, wie auch euer Vater barmherzig ist."

Datum/Zeit: _______________________________

Sprüche 19,17:
„Wer sich des Armen erbarmt, der leiht dem
HERRN; der wird ihm seine Wohltat vergelten."

Matthäus 5,7 (Seligpreisungen):
„Selig sind die Barmherzigen; denn sie werden
Barmherzigkeit erlangen."

Psalm 15,1–2:
„HERR, wer darf weilen in deinem Zelt? Wer darf
wohnen auf deinem heiligen Berge? Wer untadelig
lebt und recht tut und redet die Wahrheit von
Herzen."

Epheser 4,25:
„Darum legt die Lüge ab und redet die Wahrheit, ein
jeder mit seinem Nächsten; denn wir sind
untereinander Glieder."

Sprüche 10,9:
„Wer in Unschuld wandelt, der wandelt sicher; wer
aber krumme Wege geht, der wird ertappt."

Notizen

Datum/Zeit: _______________________

1. Korinther 13,4–7:
„Die Liebe ist langmütig und freundlich … sie rechnet das Böse nicht zu … sie erträgt alles, glaubt alles, hofft alles, duldet alles."

Matthäus 6,14–15:
„Denn wenn ihr den Menschen ihre Verfehlungen vergebt, so wird euch euer himmlischer Vater auch vergeben."

1. Korinther 9,25–27:
„Jeder aber, der kämpft, enthält sich aller Dinge … Ich bezwinge meinen Leib und beherrsche ihn, damit ich nicht andern predige und selbst verwerflich werde."

Sprüche 25,28:
„Wie eine Stadt mit niedergerissenen Mauern ist ein Mann, der seinen Geist nicht beherrschen kann."

Amos 5,24:
„Es ströme aber das Recht wie Wasser und die Gerechtigkeit wie ein nie versiegender Bach."

Notizen

Datum/Zeit:

Notizen

Datum/Zeit:

Notizen

Datum/Zeit:

Notizen

Datum/Zeit:

Notizen

Datum/Zeit: